PETIT
CATÉCHISME

DE LA

RÉFORME SOCIALE,

PAR RICHARD LAHAUTIÈRE;

SUIVI DE LA RELATION DU PROCÈS;

ET DE QUELQUES
NOTES EXTRAITES DES DÉFENSES PRÉSENTÉES
EN FAVEUR DE L'INTELLIGENCE

PAR MM. RICHARD LAHAUTIÈRE ET CHORON,
ANCIENS RÉDACTEURS DE CE JOURNAL.

Se Vend au profit de la Famille d'un Détenu,

PRIX : 50 CENTIMES.

SENLIS, | PARIS,
RUE DU CHATEL, 32. | RUE FROIDMANTEAU, 4.

JUIN. — 1839.

A NOS CONCITOYENS.

Les quelques pages que l'on va lire renferment nos principes.

Si nous les livrons, ce n'est point par un vain amour de publicité.—Dans ce temps de doute, de lutte , et de déception , quiconque est animé d'une conviction forte doit en témoigner hautement.

Nous pouvons nous tromper , mais nous ne voulons pas tromper.

Nous sommes jeunes et pouvons progresser ; si nous rétrogradions nous serions renégats.

Après avoir concouru pendant plus d'un an à la rédaction de l'*Intelligence*, nous nous séparons de ce journal; mais ce n'est ni par faiblesse ni par apostasie. Si jamais nous rentrions dans la lice, on nous verrait combattre pour les mêmes croyances.—La présente publication n'est pas, nous l'espérons, un testament, une clôture du passé, mais un programme d'avenir.

Puissent nos concitoyens , aux intérêts desquels nous dévouons nos cœurs et nos écrits, nous soutenir et nous encourager !

R. LAHAUTIÈRE , CHORON.

PETIT
CATÉCHISME

DE LA

RÉFORME SOCIALE.

I. DE LA SOCIÉTÉ.

Qu'est-ce que la société ? — La réunion de tous les hommes répandus sur la surface du globe.

Pourquoi les hommes se sont-ils réunis?—Parce qu'ils étaient individuellement trop faibles pour combattre les maux qui assiégent l'humanité.

Comment peut-on définir cette union? — Une assurance contre le malheur.

Quelle est la base de la société?—L'égalité.

Quel est son but?—Le bien-être général.

Formons-nous actuellement une société? — Non; la minorité jouit, la majorité souffre.

D'où vient cette anomalie? — De ce que les hommes, en s'éloignant de leur origine, ont perdu de vue le principe de leur association : « Le principe égalitaire. » De la force en lutte avec la faiblesse est né l'esclavage; de la richesse en concurrence avec la pauvreté est sorti le prolétariat ; asservissement et misère, tel est le résumé de toutes les fictions sociales, anciennes et modernes.

Comment fermer ces deux plaies de l'humanité?—En courbant la force et la richesse sous le niveau de l'égalité.

Vous dites que les hommes ne forment qu'une société ; cependant ils sont divisés en nations?—Les différences de climats produisent les différences d'habitudes. Ceux qu'un même climat et des habitudes semblables rassemblent, forment un peuple ; mais les peuples ne sont que les subdivisions de la grande famille, comme les départements ne sont que des subdivisions de la France.

D'où vient cependant que les nations s'entre-déchirent?—
De ce que les tyrans ont eu besoin de diviser pour régner. Met-
tez ensemble dans un désert un Russe et un Français, que l'on
nous peint aujourd'hui comme ennemis naturels, vous les
verrez s'unir pour repousser les dangers et pourvoir à leur
existence.

Quand cesseront les guerres internationales? — Quand les
tyrannies seront détruites.

Si la force fait les esclaves, si la tyrannie cause la guerre,
que manque-t-il aux individus et aux peuples pour le bonheur?
—La liberté.

Mais la liberté seule ramènerait-elle l'égalité sur la terre?—
Non; les hommes, libres, s'entre-déchireraient, le fort égorge-
rait le faible, si un lien ne les unissait.

Quel est ce lien?—La fraternité.

Quels sont donc, d'après vos propres raisonnements, les principes de la régénération sociale?—EGALITÉ, LIBERTÉ,
FRATERNITÉ.

II. DES DROITS ET DES DEVOIRS.

Qu'entendez-vous par égalité?—J'entends par tous l'ac-
complissement de devoirs égaux et la jouissance pour tous de
droits égaux.

Quels sont les droits de chacun?—Ils se divisent en droits
naturels et en droits sociaux.

Quels sont les droits naturels?—La satisfaction des besoins
de la vie, la nourriture, le toit, le vêtement. L'article fondamental du pacte social a, certes, été l'assurance donnée par la
société à chacun de ses membres de son pain, d'un abri et des
habits nécessaires à le protéger contre l'intempérie du ciel.
Tous les autres droits ne sont que des corollaires de ce principe
vital; tous les devoirs, tous les arts, tous les métiers convergent
vers cet impérieux besoin de la nature. Tant que dans le monde
entier un homme, un seul homme criera : « J'ai faim! j'ai
froid! » la société ne sera pas constituée.

Une fois que la société aura assuré à tous la satisfaction des
besoins naturels, ne pourra-t-elle, selon la hiérarchie de la richesse ou de la noblesse, donner à celui-ci un pain grossier,
une cabane de chaume, et à celui-là un palais brillant et des
mets recherchés?—Cette inégalité de droits ne pourrait résulter
que d'une inégalité de devoirs, et nous verrons plus bas que
tous les devoirs sont égaux.

Quels sont les droits sociaux? — Égale répartition des lumières, et faculté donnée à chacun d'élire et d'être élu aux charges publiques.

Quels sont les devoirs? — Ils se résument en un mot : « LE TRAVAIL. » Tous *les* membres de la société doivent concourir, par le travail individuel, au bien-être général. — Tant qu'il végètera dans le monde un oisif, la société sera en péril. — Tant qu'il se trouvera un travailleur n'agissant que pour lui et non en vue de la masse, le monopole et la misère nous menaceront. — Si le boulanger ne pétrissait que le pain de sa journée, si le tailleur ne cousait que ses propres vêtements, si l'homme de science n'étudiait que pour sa satisfaction individuelle ; le boulanger n'aurait ni les habits dont il doit se couvrir, ni les lumières nécessaires au perfectionnement de son industrie ; le tailleur croupirait dans l'ignorance et crierait famine, l'homme de science mourrait de faim et de froid.

Si d'un autre côté le boulanger, le tailleur et le savant vendaient les produits de leurs journées ou les fruits de leurs veilles, la misère qui nous ronge priverait encore la plupart des hommes de pain, de vêtements et d'éducation. Une société bien organisée donnant gratuitement à chacun de ses membres la vie du corps et de l'esprit, les individus doivent, en retour, travailler gratuitement pour la société et concourir, chacun dans son cercle, à la satisfaction des besoins généraux.

La quote-part de chacun dans la richesse commune serait-elle égale ! — Sans doute. La nature a donné aux hommes des bras et une intelligence. Voilà les instruments qu'ils mettent en commun. La société emploie ces instruments selon ses besoins, assigne à chacun sa tâche. La mise a été la même pour tous; les bénéfices doivent être égaux.

Mais ceux dont les bras sont vigoureux, ou l'intelligence supérieure fournissent un contingent plus fort que celui des individus faibles de corps ou d'esprit? — Oui, si l'on parle d'une égalité absolue, mais nous avons en vue une égalité proportionnelle. La contribution de chacun devra être mesurée selon ses forces, et sa part dans le fond commun sera fixée au prorata de ses besoins.

Qu'est-ce que la liberté? — Le droit dont chaque homme est investi de développer ses facultés à sa convenance.

Ce droit est-il illimité? — Dans un état bien constitué, il ne saurait l'être. La liberté illimitée pour quelques-uns produit la tyrannie. Napoléon était le seul homme libre de son temps ; l'Europe était esclave. Illimitée pour tous, elle dégénère en li-

cence et en anarchie. La liberté d'industrie, la libre concurrence dont nos commerçants sont si fiers, tue le peuple. Chacun
est libre aujourd'hui de choisir sa carrière ; le but n'est atteint
que par les forts et par les adroits; les faibles et les simples
meurent en route, écrasés ou dévalisés par leurs rivaux. C'est
bien nous qui pouvons dire : « La vie est un combat ! »

La société régénérée assignerait à chacun de ses membres sa
limite et sa tâche; par l'aliénation d'une partie de sa liberté on
achèterait une paisible existence; et de cette façon, nous ne
verrions pas les campagnes veuves de laboureurs et la ville encombrée d'industriels qui se mangent.

Comment nous sont enseignés nos droits et nos devoirs?—
Par la religion et par la loi.

III. DE LA RELIGION.

Qu'est-ce que la religion ?—Une croyance commune qui lie
les hommes et les pousse par un effort commun vers un but
commun.

Jusqu'à présent a-t-il véritablement existé une religion sur la
terre?—Non. La terre a été tyrannisée, divisée, ensanglantée
par cent cultes divers ; aucun lien commun n'a rassemblé les
hommes : il n'a donc pas existé de religion. Jupiter a été dé-
trôné par Jésus; le croissant a combattu la croix; Luther a convaincu le Pape de mensonge. Toutes ces superstitions ont déchiré les entrailles de l'humanité. Si Dieu est, il doit maudire
et damner tous ces prétendus représentants qui prêchent le ciel
et pillent la terre.

Quelle est donc la religion sociale ?—L'Égalité.
Quel est son but?—Le bien-être de tous.
Son lien ?—La fraternité.
Ses préceptes?—Le dévouement.
Sa sanction?—Le mépris pour l'égoïste.

IV. DE LA LOI.

Qu'est-ce que la loi ?—La règle de conduite sociale et privée,
tracée par la volonté générale.

Qu'entendez-vous par conduite sociale? — Les rapports du
corps social avec ses membres pris individuellement, et des individus avec le corps social.

Qu'entendez-vous par conduite privée?—Les rapports des
citoyens entre eux.

Qu'est-ce que la volonté générale ? — Le vœu de la majorité.

Un homme peut-il faire la loi ? — Jamais ; il ne peut que proposer des projets; la nation les approuve, les modifie ou les rejette.

Mais si cet homme est élu législateur ? — Nul ne peut être élu unique législateur. Dans des circonstances graves on peut charger temporairement un citoyen d'exécuter seul la loi, jamais on ne doit soumettre l'universalité aux caprices d'un individu. Qui de nous peut se vanter de connaître parfaitement les pensées, les vœux, les besoins de son voisin ? Quel être humain pourra donc planer assez sûrement au-dessus de l'humanité pour embrasser et exprimer seul la volonté de tous.

Qui doit éditer la loi ? — Une assemblée de citoyens élus dans chaque localité par le suffrage général et réunis au centre gouvernemental.

Quelle est la base de la loi? — L'égalité.

Cette base n'est-elle pas celle des législations actuelles? — Nous avons ce qu'on appelle égalité devant la loi, qui permet à tout citoyen de citer son semblable devant les tribunaux; encore en combien de façons n'est pas violée et éludée cette étroite égalité! Ce que j'entends, c'est un niveau qui égalise tous les citoyens dans leurs rapports avec le corps social, ou dans leurs divers rapports mutuels et privés. Du moment qu'il sera décrété que le villageois et le citadin, le maçon et l'architecte sont égaux, l'architecte et le citadin n'appelleront plus dédaigneusement le maçon et le villageois : « Mon brave! mon ami! » Et ces derniers ne se découvriront plus respectueusement devant les premiers. On ne doit se découvrir que devant les tables de la loi ou devant les cheveux blancs de la vieillesse.

Quel doit être le but de la loi? — De prévenir les luttes et le malheur.

N'en est-il pas ainsi actuellement? — La loi actuelle punit le crime sans en détruire les causes. Il y a des articles du code pénal qui condamnent le vol; je n'en vois nulle part qui préviennent la faim, mère du vol. La loi que j'entends, assurant à chacun la satisfaction de ses besoins et proscrivant l'oisiveté, tuera le crime. Aujourd'hui on tue le criminel.

Quelle différence faites-vous entre la loi et la religion? — La loi règle la conduite extérieure, la religion inspire des sentimes et moraux, guides de nos actions. La religion de loi commande.

Quels sont leurs rapports?—Toutes deux reposent sur l'é-
galité et tendent au bien-être social ; ce qu'ordonne la loi, la
religion l'aura à l'avance prêché. La religion quittant ses hau-
teurs imaginaires et descendant sur la terre, tendra la main à
la loi. Ces deux sœurs guideront l'humanité dans la même voie;
ainsi cessera la lutte entre le spirituel et le temporel, qui, depuis
le commencement des siècles, a déchiré le monde.

Qui fait prêcher la religion et exécuter la loi ?—Le gouvernement.

V. DU GOUVERNEMENT.

Qu'est-ce que le gouvernement ?—La force exécutrice de la
volonté générale.

A qui cette force est-elle attribuée?—A des hommes élus par
le souverain.

Qu'est-ce que le souverain ?—La nation.

Ces hommes sont-ils investis à perpétuité d'une telle puissance?—Cette inamovibilité est contraire à toutes les idées de
prudence et de raison. Ils exercent leur pouvoir en vertu d'un
mandat: tout mandat est révocable. Si j'ai donné ma procura-
tion à un ami infidèle, qui pille mes fonds; ou malhabile, qui
embrouille mes affaires, le sens commun dit que je ne dois pas
être enchaîné par mon premier choix. J'ai mis ma confiance en
lui tant que je l'en ai cru digne; indigne, je le rejette.

Tous les hommes, tous les peuples ne raisonnent pas ainsi?
—C'est que certains hommes, certains peuples ne raisonnent
pas ou raisonnent mal. Dans quelques pays on se fonde sur la
légitimité et le droit divin; on imagine une famille dont l'origine
se perd dans la nuit des temps, imposée aux peuples par la di-
vinité et chargée de les conduire comme un pasteur son troupeau.
Il se trouve souvent que ce pasteur est un boucher ou un mar-
chand qui vend son bétail ou l'égorge. Ce qui détruit la croyance au droit divin, c'est d'abord le mauvais usage que le des-
pote fait de sa puissance; si Dieu est bon, d'où vient qu'il nous
impose de mauvais rois? Ensuite, quand des races royales se
sont éteintes, jamais, de mémoire d'homme, nous n'avons entendu Dieu proclamer son choix. La Bible pourtant nous l'ensei-
gne à l'endroit de Saül; mais chacun sait quel bon prince était
Saül! Puis les usurpateurs qui s'insurgent contre le droit divin
et brisent le vase d'élection pour s'imposer eux-mêmes, détrui-
sent le prestige et sont mal venus à invoquer plus tard, pour
leur compte, une légitimité dont ils se sont moqués à l'égard des

autres; or, l'histoire des rois est un perpétuel programme d'u-
surpations.—Voilà pour les nations qui raisonnent mal.—Celles
qui ne raisonnent pas dorment encore du sommeil de l'enfance,
et quelques boyards ou janissaires font et défont les rois par
le droit du poignard ou du lacet. Le peuple ne regarde pas
l'homme, son roi à lui c'est le knout ou le bâton.

En France, comment raisonne-t-on?—On a inventé une balance dont l'un des plateaux, la chambre des pairs, représente
la noblesse; l'autre, la chambre des députés, le peuple; le fléau
de la balance est le roi, chargé de maintenir entre les deux plateaux un équilibre parfait. Ce système serait bon si l'ordre de la
noblesse n'eut été détruit en août 89, et si le peuple se composait de deux cent mille électeurs et non de trente-deux millions
d'hommes; encore faudrait-il que le roi se contentât de maintenir l'équilibre entre les pouvoirs gouvernants et ne voulût pas
gouverner lui-même, selon la prétention élevée par quelques
journaux ministériels et méchants. Le gouvernement que je viens
de dépeindre s'appelle représentatif.

Existe-t-il d'autres combinaisons gouvernementales?—Certes, mais il serait dangereux de les expliquer ici. Passons aux
devoirs du gouvernement.

Quels sont-ils?—De veiller à ce qu'aucun des membres de la
grande famille ne manque de pain, d'abri, de vêtements, le devoir de la société étant de soustraire les hommes aux horreurs
de la faim et du froid, et les gouvernants étant les mandataires
de la société. Ce premier devoir rempli, le gouvernement veil-
lera en retour à ce que tous les citoyens concourent par le travail au bien-être général.

Comment le gouvernement veillera-t-il efficacement à ce que
chacun vive et travaille?—En se faisant centralisateur des instruments et des produits.

Qu'entendez-vous par instruments?—La terre et les matières
premières données par la nature, et les machines créées par
l'homme. Je conçois une nation propriétaire du sol et un gouvernement mandataire de cette nation, affermant la terre aux
nationaux agriculteurs ou vignerons, à la charge par eux de la
féconder et d'envoyer leurs moissons, vendanges ou récoltes
dans les greniers publics, sans pouvoir distraire ni monopoliser
un grain ni une grappe. Je conçois une nation propriétaire des
manufactures qui transforment les fruits de la terre et les rendent propres à satisfaire les divers besoins, et un gouvernement
mandataire de la nation, nourrissant dans ces manufactures des
hommes d'industrie, à la charge par ces derniers de faire par-

2

venir dans les magasins de l'État les produits de leur travail calculé selon l'utilité générale; de même des bibliothèques et des professeurs, légistes et publicistes; de même des temples et des ministres de la religion égalitaire. Le gouvernement doit, en outre, veiller à ce qu'aucune division du travail général ne soit négligée ni encombrée. Il faut assez de cultivateurs, il ne faut pas trop d'écrivains.

Les membres du gouvernement sont-ils plus que les autres hommes?—Nullement; mon mandataire n'est pas au-dessus de moi. Ils accomplissent, dans l'état, un devoir comme tous les autres citoyens. Chacun dans sa sphère est fonctionnaire public; il concourt au bien commun. Ce qu'on respecte dans les gouvernants c'est le caractère national dont ils sont revêtus et la loi qu'ils exécutent.

Ces idées ont-elle cours aujourd'hui?—Aujourd'hui la considération est dans le faste; l'homme reluisant d'or est adoré comme autrefois le soleil. Ne devrait-on pas plutôt honorer le pauvre, dont la peine accuse l'injustice de la société! Aujourd'hui la mission du gouvernement est de percevoir les impôts d'or et de sang; ces impôts ne profitent pas au malheureux qui tend la main; la conscription lui enlève son fils, ou il le vend pour un morceau de pain. Évidemment « Vivre en travaillant » cette base de la société est renversée: les uns sont oisifs et s'engraissent; les autres, et c'est le grand nombre, gémissent sous le faix et pourtant meurent. Revenons au plus vite à cette maxime première de la sagesse gouvernementale: « Distribuer à tous le pain et le travail. »

Si le gouvernement social dirige le travail de tous les individus, il doit préparer les citoyens et les rendre aptes à donner leur quote-part dans l'activité générale?—Oui; le gouvernement doit prendre en main l'éducation.

Dans cette généralisation du travail et des produits, que devient la propriété?—Nous nous en expliquerons tout à l'heure; ainsi que de la famille dont les bases doivent être ramenées à la nature primitive.

VI. DE L'ÉDUCATION.

Qu'est-ce que l'éducation?—La préparation donnée aux esprits des enfants et des jeunes hommes pour les rendre bons et utiles citoyens.

Jusqu'à ce jour a-t-on entendu ainsi l'éducation?—Non. Le beau fils du grand monde a été instruit à bien saluer, à bien parler; ce qui en a souvent fait un souple automate et un accompli perroquet; l'obscur prolétaire, mis en apprentissage, devient menuisier, charron, etc.; citoyen, ni l'un ni l'autre ne l'est; tous deux ignorent, le riche ses devoirs, le pauvre ses droits. Ou si quelques-uns, soit des pauvres, soit surtout des riches, par quelque bonne fortune s'instruisent sérieusement, leur intelligence, plus développée que celle de leurs semblables, les rend dédaigneux et fiers. Cette exception de la science produit une aristocratie plus dangereuse que celle des titres et de la fortune. L'ignorance de la masse et les lumières de la minorité sont la principale cause de l'infériorité sociale du grand nombre.

Comment extirper ce vice?—Par une éducation publique et commune. Que des gymnases gratuits soient ouverts; que la loi oblige tous les citoyens indistinctement à y envoyer leurs enfants; que des professeurs nationaux instruisent les élèves et nourrissent leur esprit non d'une vaine et déclamatoire littérature, mais des sains principes de la morale sociale qui se résume en trois mots: « égalité, liberté, fraternité! » qu'ils leur apprennent l'histoire non des rois mais des peuples; qu'ils leur tracent le tableau des progrès accomplis et des pas qui restent à faire; qu'ils inculquent dans leurs jeunes et sensibles cœurs l'amour de l'humanité; voilà pour la religion. La loi, le droit appliqué sont la seconde branche de l'éducation commune. Ensuite des salles d'études ou ateliers spéciaux recevront les élèves selon leur goût, leurs capacités et les besoins de l'état. Des examens feront apprécier leurs progrès; sortis de ces gymnases, les enfants devenus hommes seront d'abord citoyens, puis bons agriculteurs, industriels, légistes, écrivains; nourris du même lait, ils se croiront frères, et concourront sans envie ni orgueil, chacun dans sa spécialité, à l'harmonie sociale. Ainsi que le cultivateur qui a ensemencé la terre a aujourd'hui droit à ses fruits, l'état pourra justement réclamer les produits de l'éducation commune; et sans effort s'inculquera dans les cœurs l'idée de centralisation gouvernementale. Aujourd'hui l'industriel soumis à l'impôt de la patente se croit en droit de dire à la nation : « c'est moi qui ai payé pour apprendre mon état; je l'exerce et récolte le fruit de ma peine et l'intérêt de mon argent, pourquoi levez-vous un impôt sur ce qui m'appartient? »

L'état en s'emparant des hommes dès leur bas âge et en les enlevant à la première éducation que l'on puise aujourd'hui dans les leçons paternelles, ne détruira-t-il pas l'esprit de famille? —Plus bas nous parlerons de la famille; disons dès à présent que l'homme appartient d'abord à l'état; la famille ne doit avoir que ses secondes affections; jusqu'à ce jour on a raisonné ainsi; « moi, ma famille, ma patrie! » Ce prétendu esprit de famille, de nationalité, n'était que le masque d'un étroit égoïsme. L'homme était tout, l'humanité rien. Chacun vivait pour soi; l'on protégeait sa famille pour se mieux défendre et parce que l'on s'appuyait sur elle. On volait au secours de la patrie pour que l'ennemi n'envahît pas le champ et ne brûlât pas la maison, propriété de la famille. Antagonisme de peuple à peuple, de caste à caste, d'homme à homme; telle fut la conséquence de ce raisonnement. Rapportant tout à soi, le plus fort, pour mieux primer, s'étayait sur sa tribu; de là l'aristocratie héréditaire, le patriciat, la féodalité. De là, par contre-coup, le prolétariat, l'esclavage, la pauvreté: si le premier effet de l'éducation publique est de confondre les rangs et de les niveler, de soustraire le fils du grand à l'orgueil de ses pères, d'habituer l'enfant à ne considérer l'humanité entière que comme une même et puissante famille, ce bienfait sera immense. La servitude et la misère disparaîtront à jamais, les idées de rivalité et de lutte feront place aux doux et féconds sentiments de charité et de fraternité, et nous devrons nous réjouir de l'extinction de l'esprit de famille.

VII. DE LA PROPRIÉTÉ.

Qu'est-ce que la propriété?—Le droit attribué par la nature à chaque être vivant sur les choses nécessaires à ses besoins.

La propriété ne s'entend donc pas selon vous de tous les biens que l'on peut posséder?—Non, la possession n'est pas toujours droit; dans l'économie de l'univers, chaque être vivant a ses moyens d'existence comptés et calculés; prendre au-delà de ses besoins c'est empiéter sur son voisin; le luxe des uns fait la disette des autres; c'est pour parer à ces envahissements malheureux du fort sur le faible que les hommes se sont réunis.

Jusqu'à ce jour ont-ils atteint leur but?—Non, parce que jusqu'à ce jour les forts se sont coalisés contre les faibles.

Quel est le moyen de renfermer chacun dans les limites de son droit?—D'attribuer à la nation, collection des individus, la centralisation de tous les objets nécessaires à la vie.

Cette centralisation n'est-elle point destructive de la propriété?—Bien au contraire, elle la fortifie. Centraliser au nom de l'état, c'est déclarer que tous ont sur tout un droit proportionné à leurs besoins. Ce droit est exercé par les gouvernants, mandataires de leurs concitoyens, qui répartissent équitablement les produits; on ne voit plus dès-lors le luxe insulter à la misère; la pauvreté regimber contre la richesse. L'envie et la cupidité font place au désintéressement et à la concorde, chacun sûr de sa vie, n'attente pas à celle de son semblable.

Cependant si tous les produits, soit de la nature, soit de l'industrie, reviennent à l'état, n'exerce-t-il pas un monopole?— Non, le monopole est un droit que quelques-uns s'arrogent exclusivement aux autres; ici l'état est la caisse centrale; tous les produits lui reviennent; mais pour se répandre avec ordre et mesure sur les membres de l'association. Si dans une nation un individu a faim et travaille pendant que les autres sont repus et se reposent, on peut crier au monopole. Dans la société telle que je la conçois, la propriété générale ayant remplacé le monopole individuel, tout le monde vivant et travaillant, aura égale part des droits et des devoirs.

VIII. DE LA FAMILLE.

Qu'est-ce que la famille?—La réunion de l'homme et de la femme et de la race issue de leur sang.

Quelle est sa base?—L'attraction des deux sexes et le tendresse instinctive et naturelle qui unit les parents à leur progéniture.

Cette tendresse des parents pour leurs enfants est-elle réelle? —On ne peut la nier, quoiqu'on ait dit, ce serait se montrer sourd à la voix de la nature, que de vouloir briser la famille.

Ils n'étaient pas pères ceux qui ont traité d'affection paradoxale l'amour mutuel et réciproque des pères et des enfants. Si nous voyons souvent la discorde s'asseoir au foyer paternel, il faut s'en prendre aux divergences d'opinions, aux idées despotiques que la société qui s'en va a jetées dans le cœur des pères, et aux désirs de liberté qui stimulent la génération naissante. On doit encore en accuser la cupidité d'une part, l'avarice de l'autre. Une fois que le nerf de la famille ne sera plus l'argent, mais le cœur; une fois que la voix de la nature se fera seule entendre, la paix et l'amour reprendront place dans la maison du père. Dites au sauvage du Canada qu'il n'aime pas son fils, il vous appellera blasphémateur; sa religion, à lui, s'assoit sous les branches qui balancent les dépouilles de son fils mort. La famille est, chez ces hommes primitifs, tellement respectée, que le cimetière où sont ensevelis leurs parents, est mieux défendu et mieux gardé que les cabanes des vivants.

Quel est le lien de la famille?—Le mariage.

Ce lien est-il indissoluble?—Non; s'engager à vie serait violer la liberté humaine. Je me lie par amour; la différence d'humeurs, le choc des caractères peuvent un jour faire succéder la haine et l'antipathie. Le mariage dont le divorce ne tempérerait pas la contrainte, serait un joug aussi dur pour les individus, que pour la société un gouvernement établi à perpétuité. Ce que l'on repousse en vue du corps social, peut-on le prescrire à l'égard de ses membres pris séparément?

Ne peut-on pas admettre l'union passagère de l'homme et de la femme, non soumise aux formalités du mariage?—Ce serait tomber d'un excès dans l'autre; les deux sexes ne se complètent que par leur alliance; si au lieu d'un nœud saint et solennel on admettait un embrassement passager, une étreinte brutale, on réduirait l'homme au niveau de la bête; ce qui nous distingue du reste des animaux, c'est la constance dans nos affections et dans nos volontés. Et puis si l'on est convaincu, comme je le suis, que l'amour mutuel des enfants et des parents est naturel, ne voit-on pas quelle perturbation dans ces instincts sacrés jetterait la négation du mariage! Le mariage est une seconde naissance, la naissance de la famille; le citoyen qui vient à la vie est déclaré à la nation; les époux qui s'unissent doivent aussi déclarer leur union, et persister tant que la paix et la concorde pourront régner entre eux. Le divorce est un remède violent que l'on ne doit employer qu'à la dernière extrémité, car le divorce tue la famille; et vous n'aurez pas d'auxiliaire plus puissant que la famille dans vos vues de bonheur social. L'éducation publique instruit les enfants, mais les embrassements de la famille polissent leur caractère et les rendent propres à la vie sociale. Les pères animés des sentiments de liberté, de fraternité, d'égalité que dès le jeune âge on leur aura inspirés, seconderont les professeurs des gymnases et les ministres de la religion; et arrivé à l'âge de vingt-et-un ans, fort de la nourriture patriotique et paternelle qui aura alimenté son esprit et son cœur, l'homme nouveau sera propre à élever lui-même une race de sages et dévoués citoyens.

Dans ce petit catéchisme nous n'avons fait qu'effleurer quelques-unes des questions vitales; il est bien incomplet. En d'autres temps nous parlerons, aussi ouvertement qu'il est possible aujourd'hui, de la morale et du droit tels que nous les concevons. Nous puisons nos convictions dans les besoins de la classe souffrante; qu'elle excuse nos imperfections!

R. LAHAUTIÈRE.

PROCÈS.

Le procès dont on va lire les détails était le second de la série de quatre qu'avait à vider, au mois de juin, devant la cour d'assises de Beauvais, le journal *l'Intelligence* dans lequel le PETIT CATÉCHISME avait été publié.

Le premier était relatif à un article sur les coalitions d'ouvriers, et s'est dénoué par une condamnation à six mois de prison supportée par M. Semé, gérant, et à 500 fr. d'amende.

Le troisième roulait sur trois mots : *La nation seule règne ! vérité qui, combattue depuis 50 ans, voit enfin approcher le jour de son triomphe.*

Le quatrième avait trait à un compte rendu des journées des 12 et 13 mai.

Ces deux derniers procès se sont, comme celui du PETIT CATÉCHISME, terminés par un acquittement.

MM. Labautière et Choron défendaient dans les quatre affaires. A la fin de cette brochure on trouvera quelques notes extraites de leurs défenses et pouvant servir de commentaire à certains articles de la charte et des lois de septembre.

PROCÈS.

COUR D'ASSISES DE BEAUVAIS.

PRÉSIDENCE DE M. FATON DE FAVERNAY.

Incrimination de divers passages du Petit Catéchisme de la réforme sociale, et de l'article intitulé Appel aux Démocrates.

L'affluence est plus considérable encore que la veille; la foule des curieux envahit l'espace livré au public, les bancs des témoins et les places réservées à côté des sièges du jury et de la magistrature, et le milieu du prétoire.

Au banc des prévenus se tiennent MM. Richard Lahautière, auteur signataire du petit Catéchisme, et Semé, gérant du journal l'*Intelligence*; ils sont assistés de Me Choron, leur collaborateur et défenseur.

Aux questions d'usage, le prévenu répond : Auguste-Richard Lahautière, avocat, âgé de 26 ans.

Le greffier donne lecture de l'acte d'accusation; les prévenus sont renvoyés devant la cour d'assises sous trois chefs d'accusation, savoir: MM. Richard Lahautière et Semé, conjointement, comme accusés d'outrage à la morale religieuse, délit prévu par la loi de mars 1822, et d'atteinte à la propriété, délit prévu par les lois de septembre 1835, et M. Semé seul, comme accusé d'atteinte à la propriété, et responsable de l'article intitulé *Appel aux démocrates*.

Voici les titres des passages incriminés : DE LA RELIGION, DU GOUVERNEMENT, DE LA PROPRIÉTÉ.

Nos lecteurs trouveront dans le no de l'*Intelligence* du 22 février 1839, l'article intitulé *Appel à tous les vrais Démocrates*. Nous allons en relater les passages qui ont surtout excité la colère du parquet.

« .... La fortune qui est la cause première de toutes les inégalités et de toutes les exploitations ayant disparu, il n'y aura plus que des frères là où nous voyons aujourd'hui d'implacables adversaires s'entre dévorant les uns les autres...

» ... Le riche capitaliste.... et le pauvre prolétaire... courberont la tête sous le même niveau et s'embrasseront dans une commune effusion.... L'un descendra de sa position de demi-Dieu, l'autre sera tiré de sa condition abjecte et dédaignée, et tous deux se rencontreront sur le même échelon social....

» ... O vous qui vous égarez sur les pas de Fourier et de Saint-Simon à la poursuite d'un chimérique Eldorado; vous qui vous ralliez au catholicisme de Buchez ou à celui de Lamennais; vous qui appelez de tous vos vœux une restauration impériale, revenez à la démocratie, nous vous en conjurons; songez que hors d la démocratie, hors de l'égalité, il n'y a point de salut pour cet immense troupeau de prolétaires qui se débattent contre la misère et les privations et qui, nouveaux Prométhée, sont rongés par le vautour aristocratique. »

M. Dupont-White, procureur du roi, soutient l'accusation. Il commence par donner lecture des articles incriminés. Le ministère public intercale parmi les passages du catéchisme, plusieurs phrases de l'*Appel aux démocrates*.

M. Lahautière l'interrompant : mais l'*Appel aux démocrates* n'est pas de mon catéchisme !

M. le procureur du roi. Qu'importe ! Je ferai plus tard la part de chacun.

M. Lahautière. Il importe beaucoup ! MM. les jurés pourraient croire que les deux articles n'en font qu'un, et confondre deux écrits dont la signification est toute différente: le mien est purement philosophique, l'autre est tout politique.

Un de MM. les Jurés. L'*Appel aux démocrates* n'est donc pas de M. Lahautière ?

M. le procureur du roi. Je m'expliquerai plus tard.

M. le président. Il me semble que l'acte d'accusation distingue le Catéchisme de l'Appel aux démocrates; je prie M. le procureur du roi de ne pas les confondre, cette manière de procéder pourrait jeter du trouble dans la décision de MM. les jurés.

M. le procureur du roi se conforme aux observations de M. le président, et achève sa lecture dans l'ordre indiqué par l'acte d'accusation.

MM. les jurés, dit ensuite le ministère public, je n'ai pas voulu lire en entier ce petit catéchisme, œuvre d'un esprit égaré et rêveur, d'un novateur audacieux qui propose, en remplacement de l'ordre social actuel, ordre social établi et confirmé par une longue suite de siècles, je ne sais quelle centralisation gouvernementale, quelle égalité chimérique que repoussent nos mœurs, nos institutions et notre raison! A en croire l'accusé, l'homme n'aurait rien en propre, il ne s'appartiendrait pas lui-même !

Qu'il me suffise, pour en venir aux deux chefs d'accusation, de vous faire remarquer quelles attaques violentes l'auteur dirige contre la religion et la propriété.

Il n'est pas, pour l'homme, de bien plus sacré que sa croyance : elle console le malheureux et allège sa souffrance! espérant en un avenir meilleur, le pauvre supporte avec résignation les misères de cette vie! Heureuses les âmes qui croient! attenter à leur religion est coupable! Aussi la loi de mars 1822 a-t-elle édicté des peines sévères contre tout écrivain sacrilège qui outragerait les cultes protégés par l'état. L'auteur vous dira qu'il n'a pas attaqué, dans le terme légal! et cependant, messieurs, est-il attaque plus vive que ces mots: *Luther a convaincu le pape de mensonge. Toutes ces superstitions ont déchiré les entrailles de l'humanité!* Vous le voyez! le catholicisme est une superstition et un mensonge! Et puis ce doute: *Si Dieu est!* ainsi le prévenu nie jusqu'à Dieu même! L'athéisme, voilà sa religion! quelle immoralité! Continuons: *Il damnerait tous ces représentants qui prêchent le ciel et pillent la terre!* Ici l'outrage se précise; il ne s'agit plus de croyance vague et discutable, mais bien des ministres mêmes de la religion. L'insulte frappe les personnes! Est-il attaque plus virulente, plus punissable?

Mais quittons ce point et venons-en à un plus grave et plus ir-
ritant dans l'état actuel des choses et des esprits : la propriété.

La propriété est le fondement de l'ordre social; c'est le droit
d'un être qui s'appartient sur un être qui ne s'appartient pas. Le
droit de propriété donne aux pères droit sur la conduite de leurs
enfants! Le droit de propriété excite au travail, vivifie le com-
merce et l'industrie; il est le soutien des nations. Tous les auteurs
ont reconnu tout ce qu'il y a de sacré et de moral dans le droit de
propriété, et les lois sont toujours venues à son secours. Que veut
lui substituer l'auteur? une centralisation impossible et qui tue
toute activité dans l'homme! Il vous propose je ne sais quelle loi
agraire, exhumée des temps barbares et qui anéantirait tous les
bienfaits de notre civilisation! Voyez avec quelle audace il s'é-
crie : *possession n'est pas toujours droit!* Ainsi, MM. les Jurés,
vous possédez ce que votre travail vous a fait acquérir, vous le
possédez injustement! vos enfants ne pourront en hériter; ce qui
vous excite à une vie laborieuse, c'est l'espoir de léguer à votre
jeune famille un avenir tranquille : le prévenu brise vos espé-
rances; il fait passer le prix de vos sueurs sous un niveau chimérique, il vous appelle exploiteurs et monopoliseurs! Et puis comme
ces phrases incisives se trouvent merveilleusement encadrées à
côté d'un appel fait au peuple! Le journal l'*Intelligence* s'arme de
la hache populaire et frappe à coups redoublés cet arbre social,
dont l'ombrage couvre toutes les têtes et les protége contre les
désordres et les tempêtes! Les accusés qui sont devant vous s'a-
dressent surtout à la misère et à toutes les mauvaises passions des
malheureux; ils prennent pour texte : Les malheureux sont les
puissances de la terre; ils déclarent haine et guerre éternelle à
tout ce qui possède; ils veulent renverser tout ce qui existe. La
société entière est intéressée à la condamnation de ces affreuses
maximes, qui nous replongeraient dans le chaos des révolutions!
Vous condamnerez le prévenu Lahautière, signataire du *Petit
catéchisme*, et le prévenu Semé, gérant responsable d'un journal
ennemi de l'ordre.

M⁰ *Richard Lahautière* se lève : Je demande la permission à
M. le président de présenter moi-même ma défense; je suis avocat, je connais les devoirs et les convenances que m'imposent ma
position de prévenu; la cour peut être assurée que je ne sortirai
pas des bornes d'une discussion décente.

M. *le président* : Pour épargner le temps, vous chargez-vous
aussi de la défense de votre co-accusé?

M⁰ *Lahautière* : Puisque M. le président le veut bien; M⁰ Choron, notre défenseur, viendra à mon secours si j'oublie quelques
moyens; mais, avant tout, je me permets d'adresser à M. le procureur du roi une question : Croit-il que les lois de septembre et
autres laissent subsister le droit de discussion?

M. *le procureur du roi* : De discussion religieuse..... de toute
discussion.

M⁰ *Lahautière* : Je me félicite de trouver le ministère public
d'accord en cela avec tous les auteurs; sa concession abrège mon
plaidoyer. Vous l'entendez, MM. les Jurés, la discussion est per-
mise; vous n'êtes pas ici apôtres de la religion, défenseurs de la
propriété, vous êtes magistrats avant tout et juges du point de
savoir si j'ai outrepassé les limites de la discussion. Qu'il me soit

permis, avant d'entrer dans cet examen, de remercier le ministère public de nous avoir fait grâce aujourd'hui de ces mots : *Exploitation ! Mauvaise foi* ! qu'il nous prodiguait hier. Il eût été en effet difficile, en présence d'un écrivain qui expose sa fortune et sa liberté pour soutenir ses principes, de lancer de pareilles accusations; ce que nous exploitons, vous le voyez, MM. les Jurés, c'est l'amende et la prison. Une foi qui inspire de tels sacrifices est déjà respectable, quelle que soit du reste l'opinion des hommes appelés à nous juger.

Cette foi s'est-elle exprimée hors des termes légaux ? Là est toute la question du procès. Je ne suivrai donc pas M. le procureur du roi dans ses digressions philosophiques; je comparerai nos articles et la loi; et cependant, chemin faisant, comme nos intentions sont pures et comme nous sommes heureux de les réhabiliter dans l'opinion de nos concitoyens, je vous dirai, en quelques mots, quelles sont nos idées de présent et d'avenir.

D'abord, MM. les Jurés, pour vous rassurer sur un point qui a son importance et pourrait produire sur vos esprits une impression fâcheuse : Voulons-nous tout détruire avant de rien organiser ? Voulons-nous faire table rase sans savoir qu'édifier ensuite ? C'est ce que nous reproche M. le procureur du roi. S'il avait lu tous les articles de notre journal, comme il eût dû le faire pour sainement apprécier nos doctrines, il aurait lu, dans le numéro qui a immédiatement suivi la publication du petit catéchisme, un article intitulé : *De l'application des principes démocratiques*, qui renferme les phrases suivantes :

« Nous sommes hommes de principes, sans doute, mais nous
» sommes aussi hommes pratiques, hommes d'application, et nous
» croyons fermement que le meilleur moyen de doter l'humanité
» de l'égale répartition des travaux et des produits, est d'en faci-
» liter l'application par une série de mesures transitoires et de
» modifications successives. »

« On s'est donc mépris sur le sens de nos articles... Il ne suffit
» pas d'enfanter d'admirables théories, il faut savoir en préparer
» l'application par un travail d'idées incessant ! »

Vous le voyez, MM. les Jurés, nous ne voulons pas détruire ce qui est sans savoir que mettre à la place; nous prévoyons un avenir de bonheur pour l'humanité, mais nous voulons atteindre cet avenir pas à pas. Représentants de la société actuelle, ne vous effrayez donc pas, écoutez-nous sans crainte et sans prévention.

Examinons le petit catéchisme, puis viendra la justification de l'appel aux démocrates.

Pour juger d'un ouvrage, il faut le lire en son entier. Cependant je craindrais, si j'entreprenais la lecture de mon œuvre totale, de fatiguer votre bienveillante attention. Mais un reproche m'afflige : on m'a accusé d'immoralité ! Si M. le procureur du roi fait reposer la morale sur la propriété et veut ainsi matérialiser le devoir, je ne suis pas de son avis. Selon moi, selon nous (car au banc de la défense est un de mes frères d'opinion), la morale et la société reposent sur les affections du cœur. C'est l'amour qui fait les familles, puis les tribus, puis les nations qui couvrent le globe. Ce ne sont point ici des mots, MM. les Jurés, lisez avec moi le chapitre qui termine mon catéchisme et jugez s'il est dicté par un cœur immoral !

Ici le prévenu lit le paragraphe relatif à la famille.

Messieurs, reprend-il, nous ne sommes point des hommes immoraux, ni des niveleurs audacieux ; nous prévoyons et nous prêchons un ordre social fondé sur la nature et l'heureuse direction des penchants humains; nous voulons y arriver, non avec le vol de la théorie mais par les progrès mesurés de la pratique. Voilà pour nos intentions; si l'intention fait le crime, nous sommes déjà innocents à vos yeux.

Mais revenons à la loi, car c'est le point du débat établi pour le procureur du roi. Avons-nous discuté ou attaqué ? La différence, la distinction entre l'attaque et la discussion est délicate et souvent difficile à saisir. Cependant le principal caractère de la discussion est la définition ; l'homme qui discute veut arriver à une conséquence, il faut qu'il pose et définisse un principe ; l'homme qui attaque au contraire se garde bien de définir; il veut entraîner ; rien n'est contraire à l'entraînement comme la définition; la définition est, comme disent les auteurs, chose périlleuse ; elle arrête, refroidit et souvent démontre l'erreur ou l'imposture; elle admet et soulève le raisonnement; quand on attaque, on ne s'arrête pas à raisonner.

Eh bien ! lisez les passages incriminés de mon catéchisme; j'ai défini.

Je définis la religion : *une croyance commune qui pousse les hommes par un effort commun vers un but commun.* Ai-je tort en cela? tous les cultes passés n'ont-ils pas cherché à rallier tous les hommes ? s'ils n'y sont pas parvenus, ai-je erré en disant que jusqu'à ce jour il n'avait point véritablement existé de religion ? Si dans la chaleur de la discussion j'appelle les cultes passés des superstitions, c'est que, hélas! je me rappelle combien de sang a coulé sur les autels payens ou chrétiens ! je m'effraie des horreurs de la Saint-Barthélemy et des auto-da-fé de l'inquisition ! Ne suis-je pas pardonnable et le cœur peut-il rester froid dans les raisonnements de l'esprit?

La religion que je rêve, d'ailleurs est-elle immorale? est-il de plus belle sanction que le mépris pour l'égoïsme ? l'égoïsme, cette lèpre qui ronge notre organisation actuelle ? me blâmera-t-on pour avoir voulu y substituer le dévouement et la fraternité. Les religions passées ont désespéré de la perfectibilité humaine, et ont placé le bonheur dans un avenir idéal et dans une autre vie. Nous, messieurs, nous avons plus de foi en l'humanité. Le désir incessant qui pousse l'homme à la recherche du bonheur nous a paru l'un des plus puissants mobiles de cette perfectibilité. Nous avons osé rêver que si ce n'est nous, du moins nos neveux pourront, en se persuadant que le bien-être de chacun résulte du concours des facultés de tous à l'harmonie sociale, arriver à des jours meilleurs que ceux qui nous sont donnés. L'on m'accuse d'avoir nié Dieu ! bien audacieux qui pourrait nier ou affirmer l'existence d'un régulateur que nul ne voit, ni ne sent ! j'ai douté; mais ce doute n'est pas une négation; je crois en l'harmonie de l'univers. Nous sommes, selon moi, membres et parcelles du grand tout, et nous devons nous dévouer au maintien de l'harmonie universelle. Le mal est un défaut dans l'ensemble des êtres ; je ne suis pas chrétien, mais j'ai une foi : j'ai foi en l'humanité !

Sur le premier chef l'accusation tombe. Examinons la question de propriété. Là encore j'ai défini, bien ou mal, c'est ce que chacun de vous peut me dire en particulier, mais ce qu'il serait injuste et illégal de décider par un verdict de condamnation ; je le répète, la discussion est mon droit ; en ai-je outrepassé les limites? ai-je porté, pour me servir de l'expression métaphorique de M. le procureur du roi, la hache populaire dans les fondements de l'arbre social pour l'abattre? Non, messieurs ; j'ai voulu avec l'arme fécondante de la logique émonder les branches inutiles, et mieux répartir la sève et l'ombrage ! Mon désir serait que tous les travailleurs pussent s'asseoir au banquet de la vie ; je suis l'ami du peuple ; mais par peuple, j'entends non seulement cette classe de malheureux qui nous font vivre de leurs sueurs, mais encore l'humanité entière; nous sommes tous peuple, si parmi nous beaucoup souffrent, ils sont nos frères; j'ai voulu être l'organe de leurs plaintes; suis-je coupable?

Je n'ai point crié tolle contre les riches: mais j'ai pu, étudiant l'histoire du passé, prévoir l'avenir. La propriété, telle qu'elle existe actuellement est à mes yeux un progrès; maintenant il y a un plus grand nombre d'heureux qu'il n'en existait au temps où la féodalité hérissait la terre de châteaux-forts: qu'au temps plus reculé où la domination faisait de l'humanité deux classes: les maîtres et les esclaves. Vous le voyez, messieurs les jurés, le niveau de l'égalité a déjà courbé les têtes des maîtres et des seigneurs; un jour viendra où nous-mêmes, car moi aussi je suis de la classe dite moyenne et de ceux qui possèdent, un jour viendra où nous nous abaisserons par degré sous le niveau qui répartira le bien-être également entre tous. Que cette vérité à venir ne nous effraie point ! je sais que le soleil qui frapperait inopinément la vue, éblouirait, aveuglerait ! Je sais que lorsqu'on descend les marches d'un escalier, on doit descendre degré par degré, et non s'élancer en bas de prime abord, de peur de se rompre les membres !

Mais, m'objecte l'accusation, le mal est que votre article se trouve suivi d'un appel aux démocrates, appel qui contient une véritable attaque. Si encore en ce point M. le procureur du roi avait lu notre journal, il eut compris que cet appel n'était point une révolte contre la richesse, mais une invocation à la démocratie que nous pensions alors dissidente. Dans le parti populaire, comme dans tous les partis, qui du haut en bas de l'échelle se disputent la prééminence, il règne malheureusement des dissensions. Le but de cet appel était de les faire cesser. C'était un débat intestin, et non une guerre extérieure. Ces explications doivent détruire toute fâcheuse impression. L'appel n'est point lié au catéchisme, chacun de ces articles a son objet distinct. En soi, le catéchisme est une discussion philosophique, non une attaque. Il y a bonne foi et bonne intention dans la discussion; en droit strict et en équité, MM. les jurés, vous devez nous absoudre.

M. le procureur du roi réplique en peu de mots. Messieurs, dit-il, vous condamnerez des hommes qui combattent la propriété, cette patronne du genre humain, et qui prêchent la loi agraire ! Le prévenu parle de sa jeunesse : il est deux classes d'hommes qui propagent les doctrines dont il s'est fait l'organe: des méchants ou d'insensés rêveurs ; il en est aussi une troisième de jeunes gens abusés et emportés, égarés par une chaleur de cœur;

parmi eux est le prévenu Lahautière. Ses croyances sont dange-
reuses, voyez si vous devez permettre qu'il les répande impuné-
ment. Quant à l'article intitulé : *Appel aux démocrates*, moins logique et moins incisif, il est aussi dangereux que le catéchisme
par l'entraînement et la fureur qui le distinguent. Vous frappe-
rez un journal qui se fait un jeu de ce qu'il y a de plus sacré, et
qui menace si ouvertement notre société.

M. *Lahautière* : M. le procureur du roi a semblé abandonner
l'accusation à mon égard ; mais il me serait pénible.....

M. *le procureur du roi*, interrompant : Je ne l'ai pas abandonnée,
j'y persiste !

M. *Lahautière* : Tant mieux ! je suis plus libre ! si vous devez
condamner, MM. les jurés, je vous en supplie, frappez-moi seul
et acquittez Semé, mon co-prévenu et notre gérant ! M. le procureur du roi vous l'a dit, mon catéchisme est plus incisif et plus
dangereux que l'*Appel aux démocrates* dont Semé est responsable !
Il me serait trop pénible, ayant pris conjointement ma défense et
la sienne, d'être seul acquitté ! J'en aurais des remords ! si quel-
qu'un vous semble coupable, choisissez-moi ! Mais qu'ai-je dit ?
non, nul n'est coupable ! Vous ne pourrez, vous, MM. les jurés,
cœurs purs et bons, nous punir pour avoir pris la défense de ceux
qui souffrent. On vous a parlé de *loi agraire*. La loi agraire, telle
que la comprend le ministère public, n'a jamais existé. La loi
agraire était le partage des terres conquises. C'était une loi mi-
litaire. Nulle civilisation n'eut accepté un partage de biens qu'u-
ne mort ou une naissance aurait suffi pour inégaliser et détruire.
Nous ne prêchons pas la loi agraire ; nous prédisons..... que dis-
je ? nous sommes d'insensés rêveurs ! nous rêvons un avenir de
bonheur commun : sommes-nous pour cela méchants et méprisa-
bles ! vous vous rappellerez, Messieurs, que le catéchisme et l'*Appel aux démocrates*, ont deux objets différents ; l'un discute phi-
losophiquement dans les limites légales ; l'autre a pour but de
rappeler dans le giron de l'*Intelligence* des esprits que le rédac-
teur croyait égarés, mais nullement de souffler la guerre et la révolte. J'attends avec confiance votre verdict pour mon co-prévenu et pour moi.

Me *Choron*, défenseur des accusés, se lève et fait observer que
l'*Appel aux démocrates* incriminé est un troisième et dernier article, ainsi que son intitulé le prouve ; et que les deux premiers
sur la même matière n'ayant pas été incriminés, il serait étrange
de condamner celui-là.

M. le président fait le résumé des débats et pose à MM. les jurés sept questions ; deux religieuses, deux sur l'attaque à la propriété dans le petit catéchisme, et trois sur le même délit à l'é-
gard de Semé.

Me Choron et le prévenu Lahautière font observer que tout le
catéchisme étant un seul et même article, le délit contre la propriété devrait être simple et non double.

M. le procureur du roi insiste, la cour maintient la position des
questions.

Le jury rentre dans la salle des délibérations et en sort, après
trois quarts d'heure d'attente, avec un verdict d'acquittement.

Ce verdict est accueilli avec joie dans l'auditoire.

LA NATION SEULE RÈGNE.—LE ROI GOUVERNE.

La presse dynastique se divise en deux camps.

L'on inscrit sur sa bannière : *Le roi règne et gouverne !*

Sur l'étendard de l'autre, on lit : *Le roi règne et ne gouverne pas !*

Les uns veulent en revenir à l'absolutisme de droit divin, détruit en 1830.

Les autres voudraient faire triompher et prédominer le parlement, la nation officielle.

Tous sont dans l'erreur et hors de la Constitution.

Les défenseurs de l'*Intelligence* ont soutenu devant le jury de l'Oise la thèse que voici :

La Nation seule règne, le roi gouverne.

La Nation seule règne ! Le peuple est souverain.

Le moins que puisse faire un souverain c'est de régner, c'est-à-dire d'édicter sa volonté.

Par ses représentants le peuple fait les lois; nul que lui ne peut les faire. Lisez la Charte.

Cette vérité constitutionnelle ne sera pratique que lorsque la réforme électorale aura donné à tous le droit de manifester leurs volontés par un vote.

Le roi gouverne et ne règne pas. Il exécute la volonté nationale. Au roi appartient la puissance exécutive. Lisez les art. 12 et 13 du pacte fondamental.

Le roi n'est que le premier magistrat de l'État (paroles de M. le procureur du roi de Beauvais). Ce titre est déjà assez beau.

Chacun peut tirer les conséquences de ce principe.

QU'EST-CE QUE LE GOUVERNEMENT ?

« *Le gouvernement, c'est M. le préfet de police, aussi bien que les ministres, aussi bien que le roi même !* disait M. l'avocat du roi, de *Beauvais, car M. le préfet de police reçoit les ordres du ministère, qui se consulte avec un pouvoir supérieur. Blâmer M. le préfet de police c'est exciter à la haine et au mépris du gouvernement.* »

Et MM. du parquet, s'appuyant des lois de novembre et de septembre, requéraient contre nous qui avions mal parlé des agents provocateurs.

Il nous a semblé, et il a semblé à MM. les jurés qui ont sanctionné notre discussion par un verdict d'acquittement, que le gouvernement se composait d'éléments et non de personnes.

Qu'ainsi le gouvernement n'était pas le roi, les députés, les pairs, les ministres, ni encore moins le préfet de police.

Mais bien la royauté, les chambres, le ministère.

Que blâmer MM. les pairs, les députés, les ministres, le roi même, pris comme personnes, c'était commettre des délits autres que celui d'excitation au mépris du gouvernement.

Que n'était punissable comme excitant au mépris que celui, par exemple, qui aurait dit : « La royauté, la pairie, la chambre des députés, sont des éléments inutiles » et qui aurait soutenu cette thèse.

Avis à ceux de nos frères qui auront à commenter les lois de presse devant le jury.

www.ingramcontent.com/pod-product-compliance
Lightning Source LLC
Chambersburg PA
CBHW070745280326
41934CB00011B/2798